Das Herz von Dresden

Cordula Schurig

Das Herz von Dresden

Deutsch als Fremdsprache

Gemeinsamer europäischer Referenzrahmen B1

Ernst Klett Sprachen
Stuttgart

Cordula Schurig

Das Herz von Dresden

1. Auflage 1 6 5 4 3 2 | 2019 18 17 16 15

Alle Drucke dieser Auflage sind unverändert und können im Unterricht nebeneinander verwendet werden. Die letzte Zahl bezeichnet das Jahr des Druckes.

Internetadresse: www.klett-sprachen.de

Redaktion: Jutta Klumpp-Stempfle
Layoutkonzeption: Elmar Feuerbach
Zeichnungen: Sepp Buchegger, Tübingen
Gestaltung und Satz: Swabianmedia, Stuttgart
Umschlaggestaltung: Sandra Vrabec
Titelbild: Andre Nantel, shutterstock, New York
Druck und Bindung: Medienhaus Plump GmbH, Rolandsecker Weg 33, 53619 Rheinbreitbach
Printed in Germany

Tonregie und Schnitt: Ton in Ton Medienhaus, Stuttgart
Sprecher: Bernd Lindner

ISBN 978-3-12-556036-9

9 783125 560369

Inhalt

Kostenloser Hörtext online:
Einfach QR-Code mit dem Smartphone scannen
oder 7tf45d auf www.klett.de eingeben.

Äußere Neustadt
Timaeusstr.
Pfunds Molkerei
Albertplatz
Bautzner Str.
Dresden Cotta
Augustusbrücke
Elbe
Blaues Wunder
Villa Marie
Brühlsche Terrasse
Synagoge
Semperoper
Zwinger
Neumarkt
Innere Altstadt
Frauenkirche
Pirnaischer Platz
Dresden

Personen

Ruth Brämig, 71 Jahre alt. Ihr Alter merkt man ihr schon ein wenig an, aber sie ist ganz fit im Kopf und noch sehr gut zu Fuß. Sie wohnt in Dresden. Wenn sie nicht gerade eine Reise macht, spaziert sie durch „ihre“ Stadt.

Ursula Engelmann, 46 Jahre alt, Tochter von Ruth Brämig. Sie lebt in einem Dorf bei Magdeburg. Ursula telefoniert fast täglich mit ihrer Mutter. Sie nennt sie „Ruthie“.

Mirko Hauswald, 19 Jahre alt. Er ist arbeitslos und lebt in recht ärmlichen Verhältnissen. Er wohnt in Dresden in der Äußeren Neustadt.

Erich Hauswald, 85 Jahre alt, Opa von Mirko. Er war Bomberpilot während des Zweiten Weltkriegs.

Frauenkirche vor dem Beginn des Wiederaufbaus

1

Anfang Februar 2000

„Hallo, meine Kleine! Wie geht's dir?"

Ihre Mutter nennt sie immer noch „Kleine", obwohl sie schon 46 ist.

„Für meine Mama bleibe ich eben immer ein Kind", denkt Ursula.

„Gut, Ruthie, gut! Nur das Wetter ist schrecklich. Aber bald kommt der Frühling und dann können wir wieder draußen im Garten sitzen."

Ursula wohnt in einem kleinen, schönen Haus mit Garten in einem Dorf bei *Magdeburg*. Sie ist mit ihrer Familie in der Heimat geblieben. Ihre Mutter Ruth ist schon vor langer Zeit nach *Dresden* gezogen, wegen der Liebe.

„Stell dir vor, mein Kind, heute hat ein Mann aus England wieder viel Geld gespendet."

„Jetzt geht das wieder los! Du und deine *Frauenkirche*!", kritisiert Ursula liebevoll.

Sie ist kurz davor, den Telefonhörer neben das Telefon zu legen. Das kennt sie nämlich schon. Wenn ihre Mutter von der *Frauenkirche* anfängt, ist sie nicht mehr zu stoppen.

Ruth ist ganz begeistert von dem Projekt und von den Menschen, die Geld für die Kirche spenden. Die Kirche ist im Zweiten Weltkrieg, am 13.02.1945, also kurz vor Kriegsende zerstört worden. Seit dieser Zeit war nur noch eine Ruine am *Neumarkt* in *Dresden* zu sehen, über 40 Jahre lang.

Seit mehreren Jahren arbeitet man nun an dem Wiederaufbau der Kirche. Und viele Menschen aus der ganzen Welt spenden Geld.

„Es ist ein echtes Symbol des Friedens." Ruth redet einfach weiter. „Wenn mein Fred das noch erleben könnte."

Fred, ihr Mann, ist schon viele Jahre tot. Wegen ihm war sie damals nach *Dresden* gezogen.

„Ja, das wäre schön", sagt Ursula.

„Was isst du denn da?" Ruth merkt, dass ihre Tochter gleichzeitig isst und telefoniert.

„Den Rest von deinem selbst gebackenen Dresdner Christstollen."

„Der schmeckt dir, meine Kleine, oder?"

„Hm ja ..., ein bisschen trocken, vielleicht. Da findet man ja nur jeden Meter eine Rosine", antwortet Ursula.

4 **spenden** Geld für einen guten Zweck ausgeben – 5 **die Frauenkirche** eine wichtige Kirche in Dresden – 6 **liebevoll** mit Liebe – 7 **der Telefonhörer** Teil des Telefons – 10 **begeistert** großes Interesse an etwas haben – 13 **die Ruine** kaputtes Gebäude – 15 **der Wiederaufbau** man baut etwas wieder auf – 32 **die Rosine** getrocknete Weintraube

Sie will ihre Mutter ein bisschen ärgern.
Ein wenig beleidigt meint Ruth: „Na ja …“
„Ist ja schon gut! Kommst du eigentlich zu meinem Geburtstag zu uns?“, fragt Ursula ihre Mutter.
„Na klar, mein Kind!“ Ruth besucht ihre Tochter sehr gerne. Sie hat auch schon eine Idee für ein Geschenk: eine Uhr mit einem Stein von der *Frauenkirche*. Wenn man die Uhr kauft, spendet man automatisch einen Teil des Geldes für die *Frauenkirche*.

Zwinger, Kronentor

2

Ruth Brämig fährt mit der Straßenbahn von *Dresden Cotta* in Richtung *Altstadt*. Sie will die Uhr für ihre Tochter kaufen. Sie sieht nach draußen. Es ist erst 15 Uhr am Nachmittag, aber der Himmel ist ganz grau. In der Stadt brennen schon einige Lichter. Sie fährt am *Zwinger* vorbei … mit dem schönen *Kronentor*. August der Starke hatte den *Zwinger* bauen lassen.
Am *Pirnaischen Platz* steigt Ruth aus und läuft die wenigen Meter bis zur *Frauenkirche*. Durch das Gerüst um die Kirche kann man nicht so viel sehen. Aber das macht ihr nichts aus. Ruth ist begeistert, dass aus der Ruine wieder eine Kirche wird. In einem Regal neben

5 **August der Starke** Kurfürst von Sachsen (geb. 1670, gest. 1733)

dem Gerüst liegen die alten Steine. Man versucht, die neue Kirche mit möglichst vielen alten Steinen zu bauen. Damit will man an die schrecklichen Tage des Krieges erinnern.

Plötzlich sieht sie eine dunkle Gestalt auf sich zukommen. Sie erschrickt. Am liebsten möchte sie weglaufen. Diese Gestalt kommt näher. Dann sieht Ruth, dass es nur ein ganz normaler, älterer Mann ist. Also kein Dieb, der ihre Handtasche stehlen will. In letzter Zeit ist sie etwas ängstlich.

„Hab'sch Se erschreckt? Tschuldigung! Das wollt'sch aber ni", sagt der Mann höflich mit ruhiger Stimme. „Isch wollte die Kersche nur ma von dieser Seite angucken. Isch kann's kaum erwarten, bis se fertsch is."

„Ja, das geht mir auch so." Ruth hat sich wieder beruhigt und lächelt den Mann freundlich an.

„Isch weeß noch genau, wie die Kersche früher aussah", erzählt der Mann weiter. „Isch war noch ä kleener Knopp, und mer ham gar ni weit weg gewohnt. Als se dann kaputt war, war mer alle sehr traurig. Und immer wenn isch hier an der Ruine vorbeigegangen bin, tat mer's Herze weh. Da musst'sch immer an den Kriesch denken. Sind Se ooch von hier?"

„Nein, aber ich wohne schon so lange hier, dass ich manchmal das Gefühl habe."

„Nu, das is aber scheen. Isch wer' froh sein, wenn's in *Dresden* wieder so aussieht wie vorm Kriesch."

1 **das Gerüst** Konstruktion aus Metall, als Hilfe beim Bauen – 5 **die Gestalt** *hier:* Person, die man wegen der Entfernung nicht genau erkennen kann – 16 **Hab'sch Se …?** *in Dresden für* Habe ich Sie …? – 16 **wollt'sch** *in D. f.* wollte ich – 16 **ni** *in D. f.* nicht – 17 **isch** *in D. f.* ich – 17 **die Kersche** *in D. f.* die Kirche – 18 **ma** *in D. f.* einmal – 18 **se fertsch is** *in D. f.* sie fertig ist – 22 **isch weeß** *in D. f.* ich weiß – 23 **ä kleener Knopp** *in D. f.* ein kleiner Junge – 23 **mer ham** *in D. f.* wir haben – 26 **mer's** *in D. f.* mir das – 26 **musst'sch** *in D. f.* musste ich – 26 **der Kriesch** *in D. f.* der Krieg – 27 **ooch** *in D. f.* auch – 30 **scheen** *in D. f.* schön – 30 **isch wer'** *in D. f.* ich werde

„Ich auch. Und dann hoffen wir, dass es hier für immer Frieden geben wird.“
„Nu, das wollmer hoffen.“

*

Ruth Brämig steht im Souvenirladen der *Frauenkirche* und kann sich nicht entscheiden. Soll sie ihrer Tochter eine Uhr mit einem kleinen Stein der *Frauenkirche* schenken oder eine Uhr ohne Stein? Sie dreht sich zu der Verkäuferin um und will sie fragen. Sie spricht aber gerade mit einer anderen Kundin. Außer den beiden Frauen ist nur noch ein junger Mann im Laden. Er sieht nicht gut aus. Seine Kleidung ist alt und schmutzig und seine Haare sind ungepflegt.
„Komisch, dass er Geld für Geschenke hat“, denkt sich Ruth.
Dann sieht Ruth Brämig eine schnelle Bewegung. Der junge Mann hat sich die Spendenbox an der Kasse genommen und läuft schnell aus dem Laden.
Ruth ist schockiert. Der Mann wollte also gar kein Geschenk kaufen ... er wollte Geld! In der Spendenbox ist immer viel Geld. Auch sie selbst hat hier schon viel gespendet.
Sie ruft: „Stopp! Haltet den Dieb!“
Und erst jetzt bemerkt die Verkäuferin, was passiert ist. „Ich rufe die Polizei. Ich muss im Laden bleiben.“ Sie geht zum Telefon neben der Kasse. Ruth denkt nicht lange nach. Sie läuft aus dem Laden und dem Dieb hinterher. Auch mit über 70 ist sie noch fit und gut zu Fuß. Mit schnellen Schritten verfolgt sie den jungen Mann. Er läuft Richtung *Pirnaischer Platz.*

3 **wollmer** *in D. f.* wollen wir – 10 **ungepflegt** nicht ordentlich, nicht gewaschen – 13 **die Spendenbox** *hier:* darin ist das Geld, das viele Leute für die Frauenkirche gespendet haben – 15 **schockiert** einen Schock bekommen haben – 30 **jemanden verfolgen** *hier:* hinter jemandem hergehen

„Wahrscheinlich will er mit der Straßenbahn fahren, vielleicht in die *Äußere Neustadt*? Da wohnen einige Leute wie er“, denkt sie sich. Der junge Mann ist schneller als Ruth, aber sie kennt einen kurzen Weg zur nächsten Haltestelle. Sie läuft schnell durch kleine Straßen in Richtung *Synagoge*.

„Wenn ich Glück habe, sitzt der Mann in der Straßenbahn“, denkt sie.

Die Straßenbahn kommt schon. Im letzten Moment steigt Ruth in die Bahn ein. Die Türen schließen sich.

Dresdner Straßenbahn

3

Ruth Brämig setzt sich in der Straßenbahn ganz nach hinten. Sie sieht sich um und … der junge Mann sitzt tatsächlich da, nur drei Reihen vor ihr. Sie ist sehr nervös, aber er sitzt mit dem Rücken zu ihr und kann sie nicht sehen. Er hält etwas fest. Es ist in einem Stoffbeutel.

„Das muss die Spendenbox sein", denkt Ruth und steht ein bisschen von ihrem Sitz auf. So kann sie besser sehen.

In diesem Moment dreht sich der junge Mann um. Ruth lässt sich

schnell wieder auf den Sitz fallen. Sie versucht, ganz ruhig aus dem Fenster zu sehen.
Aber in Wirklichkeit beobachtet sie heimlich alles um sich herum und macht sich Gedanken.
Der Dieb scheint sie tatsächlich nicht bemerkt zu haben. Er schaut schon wieder nach vorn.
„Es sind nur wenige Menschen in der Straßenbahn. Hoffentlich erkennt der junge Mann mich nicht. Wenn er mich angreift …“, denkt Ruth nervös.
An der Haltestelle *Albertplatz* steigen drei Männer ein und setzen sich. Das beruhigt sie sehr. Als sich die Türen der Straßenbahn schließen, stehen die Männer wieder auf und sagen laut:
„Die Fahrscheine, bitte!“ Es sind Kontrolleure.
„Hier, bitte schön.“ Ruth zeigt einem der Männer ihre Monatskarte.
„Danke schön“, sagt er und geht weiter.
Ruth sieht zu dem jungen Mann. Er ist nervös. Er sieht aus, als möchte er weglaufen.
„Ihren Fahrschein, bitte“, sagt einer der Kontrolleure gerade zum zweiten Mal.
„Tut … tut mir leid. Ich … ich habe keinen.“
„Tja, das kostet 40 Mark.“
„Aber so viel Geld habe ich gar nicht dabei!“
„Dann müssen wir Ihre Personalien aufnehmen. Also, wie heißen Sie denn?“, fragt der Kontrolleur.
„Mirko Hauswald.“
„Und wo wohnen Sie?“
„Timaeusstraße 15.“
„Haben Sie Ihren Personalausweis dabei?“

5 **heimlich** niemand bemerkt es – 13 **angreifen** jemandem Gewalt antun – 17 **der Kontrolleur, -e** kontrolliert in der Straßenbahn / U-Bahn / im Bus das Ticket – 18 **die Monatskarte** Ticket für die Straßenbahn / U-Bahn / den Bus – 25 **die Mark** die ehemalige Währung in Deutschland – 27 **die Personalien** *(Pl.)* Name, Adresse etc. von einer Person – 32 **der Personalausweis** Ausweis mit Name, Adresse, Geburtstag einer Person

Mirko Hauswald gibt dem Kontrolleur seinen Ausweis.
„Die Rechnung schicken wir Ihnen dann zu."
Ruth Brämig lächelt. Zum Glück hat sie ihre Hörgeräte. Name und Adresse des jungen Mannes hat sie genau verstanden.
Die Kontrolleure steigen an der nächsten Haltestelle aus. An der übernächsten Haltestelle verlässt auch Mirko Hauswald die Straßenbahn.
Er bemerkt nicht, dass Ruth Brämig auch aussteigt.

3 **das Hörgerät, -e** Gerät, um besser zu hören – 6 **übernächste** eine nach der nächsten

Blick von der Augustusbrücke auf die Brühlsche Terrasse

4

Ruth läuft hinter Mirko Hauswald her. Sie versteckt sich immer wieder hinter Bäumen und Straßenlaternen. Aber sie ist zu langsam. Sie verliert ihn. Schnell läuft sie zur nächsten Ecke und sieht in alle Richtungen. Niemand ist zu sehen.
„Warum laufe ich diesem Mann hinterher? Ich könnte doch einfach die Polizei rufen."
In diesem Moment kommt Mirko Hauswald aus einem kleinen Park. Schnell stellt sich Ruth hinter einen Baum. Sie hat Glück, er hat sie nicht bemerkt.

Sie schaut vorsichtig hinter dem Baum hervor. Sie sieht Mirko von hinten.

„Oh, nein, wo ist denn die Spendenbox?“, hätte Ruth fast laut gesagt. Das passiert ihr in letzter Zeit oft. Zum Glück in diesem Moment nicht. Sonst hätte Mirko Hauswald es sicher gehört.
„Er muss die Box versteckt haben“, denkt sie. „Aber wo?“
Der Gedanke an die Polizei ist vergessen. Ruth ist zu neugierig und folgt dem jungen Mann. Sie sieht, wie er in das Haus Nummer 15 geht. Kurz bleibt sie noch an der Straßenecke stehen.
Als im ersten Stock ein Licht angeht, läuft sie schnell zur Haustür. ‚Mirko Hauswald‘, liest sie. Das ist der Name, den sie in der Straßenbahn gehört hat.
Das Haus, in dem Mirko Hauswald wohnt, ist schon sehr alt. Es ist noch nicht renoviert. Es sieht immer noch so aus, wie es zu DDR-Zeiten ausgesehen hat: grau, kaputte Fenster, kaputtes Dach.

Mirko öffnet ein Fenster … Ruth versteckt sich schnell im Hauseingang. Sie hat Glück, er hat sie nicht gesehen. Sie wartet einen Moment. Mirko schließt das Fenster. Ruth geht wieder auf die Straße. Aber sie schaut sich immer wieder um.
Niemand scheint ihr zu folgen. Ruth beruhigt sich langsam wieder.
Was für ein anstrengender Tag!

13 **folgen** hinterhergehen oder -laufen – 14 **die Straßenecke** Ecke an einer Straße – 19 **renoviert** neu gemacht – 21 **die DDR-Zeiten** *(Pl.)* zu Zeiten der DDR (Deutsche Demokratische Republik, von 1949 bis 1990 einer der zwei deutschen Staaten)

Bevor sie wieder nach Hause fährt, geht sie noch in die *Molkerei Pfund*, eine sehr alte und schöne Molkerei in der *Bautzner Straße*. Sie kauft eine Seife aus Milch. „Das ist noch ein nettes kleines Geschenk für Ursula", freut sie sich. „Mensch, ich habe das eigentliche Geschenk, die Uhr, ja noch gar nicht gekauft! Ich muss morgen noch mal in den Kirchenshop."

*

Auf dem Weg nach Hause sitzt Ruth wieder in der Straßenbahn. Diese Linie fährt über die *Augustusbrücke*.
„Wie schön *Dresden* doch ist!", denkt sie.
Auf der rechten Seite sieht sie vor sich die weltberühmte *Semperoper*.
Links die *Brühlsche Terrasse* am *Elbufer* mit der *Kunstakademie*, den schönen Cafés und … Dahinter sieht man bei der *Frauenkirche* einige Kräne.
Ruth wird traurig. Sie denkt an die vielen Menschen auf der ganzen Welt, die helfen wollen. Sie geben Geld, damit aus einer Ruine

14 **der Kran, Kräne** hebt und transportiert schwere Lasten auf einer Baustelle

Semperoper

wieder eine Kirche wird. Schon über 100 Millionen Mark sind an Spenden zusammengekommen. *Dresden* hatte im „Ruf aus Dresden" die ganze Welt zu Spenden aufgerufen. Und viele haben gespendet, denn sie sehen die Kirche als ein Zeichen des Friedens und Verzeihens. Aber Mirko Hauswald war das egal. Er hat das Geld einfach gestohlen. Dafür hat Ruth überhaupt kein Verständnis.

„Aber die Polizei kann ich jetzt nicht mehr anrufen", spricht sie laut vor sich hin. Eine andere Frau in der Straßenbahn dreht sich um. Ruth Brämig guckt schnell in eine andere Richtung.

„Die Polizei … nein, das geht nicht", denkt sie still für sich.

„Ich kann ihnen zwar den Täter nennen, aber es gibt keine Beweise. Das Geld ist weg! Und das ist schließlich das Wichtigste!"

Es war nicht wenig Geld in der Box und vielleicht wäre es genug Geld für eine neue Orgelpfeife gewesen oder …

Das Geld muss wieder zur *Frauenkirche*! Und Ruth hat auch schon eine Idee.

2 **Ruf aus Dresden** öffentlicher Brief mit der Bitte um Spenden – 3 **aufrufen** eine Person zu etwas auffordern – 14 **die Orgelpfeife** Teil eines Instruments in der Kirche

5

„Ich habe wieder Geld! Das ist ein Grund zum Feiern!“, denkt Mirko. Er geht in die Küche und macht Licht. „Zum Glück habe ich noch einen Rest Wein.“

Der Wein schmeckt nicht gut. Er war billig, aber trotzdem ist er ein großer Luxus für Mirko. Normalerweise kann er sich keinen Wein leisten. Mirko ist arbeitslos. Er hatte in einer Baufirma eine Ausbildung zum Maurer begonnen. Dann jedoch, vor einem Jahr, hatte die Firma keine Aufträge mehr und ging bankrott. Man hat ihn und alle seine Kollegen entlassen müssen. Aber ohne eine abgeschlossene Ausbildung hat Mirko kaum eine Chance, eine Stelle zu bekommen.

Im Moment lebt er von der Sozialhilfe und musste in diese alte Wohnung ziehen. Sie hat nur einen Vorteil: Sie ist billig.

Als er heute in der Stadt war, hatte er eigentlich einen Termin beim Arbeitsamt. Er hasst diese Gespräche. Immer wieder hört er, dass es keine Arbeit für ihn gibt. Plötzlich hat er diese Box voller Geld durch das Schaufenster des Kirchenshops gesehen. Er hat nicht lange nachgedacht. Er ist in den Laden gegangen und hat sich kurz umgesehen. Aber es waren nur zwei ältere Frauen und die Verkäuferin im Laden.

Vor ihnen hatte er keine Angst. Er ist zur Kasse gegangen, hat die Spendenbox genommen und ist abgehauen.

„Was wollen die eigentlich mit so viel Geld für eine Kirche?“, fragt sich Mirko wütend. „Das Geld kann man viel besser investieren und

7 **arbeitslos** ohne Arbeit – 8 **die Baufirma** Firma in der Baubranche – 9 **der Maurer** Handwerker, der Häuser baut – 12 **bankrott** kein Geld mehr haben – 17 **die Sozialhilfe** Geld vom Staat für eine arbeitslose Person – 20 **das Arbeitsamt** Amt, das bei der Arbeitssuche hilft – 24 **umsehen** in alle Richtungen sehen – 27 **abhauen** weglaufen

neue Arbeitsplätze schaffen. Aber nein! Sie bauen noch eine Kirche. Aber es gibt doch schon so viele."
Mirko beruhigt sich, als er an das Geld denkt. Er hat es noch nicht gezählt, aber er wird eine lange Zeit davon leben können.
Nur die Omas haben gesehen, wie er das Geld genommen hat. Und die sind keine guten Zeugen. Eine Überwachungskamera gab es nicht. Das hatte er noch schnell geprüft. Und niemand ist ihm gefolgt. Er muss sich also keine Sorgen machen. Nur die Kontrolle in der Straßenbahn, das ist eine dumme Sache.
„Aber egal! Das Geld für die Strafe habe ich jetzt ja!", denkt er und trinkt noch ein Glas Wein.

1 **der Arbeitsplatz, -plätze** der Job – 6 **die Überwachungskamera** *hier:* kleine Videokamera in einem Laden

Kuppelkreuz für die Frauenkirche

6

Drei Tage später

Mirko öffnet seinen Briefkasten. „Wahrscheinlich wieder Absagen auf meine vielen Bewerbungen!“, denkt er. Doch heute liegt nur ein normaler Brief in seinem Briefkasten.

„Vielleicht eine Einladung zu einem Vorstellungsgespräch?“, fragt er sich. „Absagen kommen doch immer in diesen großen Briefumschlägen zurück? Und dann zusammen mit den Bewerbungsunterlagen?!“

2 **die Absage, -n** *hier:* Ablehnung für einen Job – 7 **das Vorstellungsgespräch** Gespräch zwischen Personalchef/in und Bewerber/in um eine Stelle – 9 **der Umschlag, -schläge** darin verschickt man Briefe

Aber etwas ist seltsam. Nur sein Name steht auf dem Umschlag, eine Briefmarke fehlt. Jemand muss den Brief also persönlich in den Briefkasten geworfen haben.

In der Wohnung öffnet er den Briefumschlag. Er enthält einen Zeitungsartikel mit der Überschrift „Ein Engländer schmiedete das Kuppelkreuz". Er liest weiter und merkt, dass es um die *Frauenkirche* geht. Engländer haben das neue Kreuz für die Kuppel gespendet. Ein Schmied in England, Alan Smith, hat es gemacht.

Alans Vater saß in einem der Flugzeuge, das *Dresden* 1945 zerstört hat. Alan berichtet, dass sein Vater diese Tat nie vergessen konnte. Sein Sohn hofft nun, dass das Kreuz ein gutes Zeichen ist und dass man seinem Vater verzeiht.

„Hm, warum schreiben sie denn einen ganzen Artikel darüber? Ist doch klar, dass die Engländer das Kreuz bezahlen. Sie haben schließlich die Kirche auch kaputt gemacht", denkt Mirko.

Erst später fragt er sich, wer ihm diesen Artikel in den Briefkasten gesteckt hat. Und noch wichtiger ist die Frage: Warum?

Er bekommt Angst. Weiß doch jemand, was er getan hat? Will ihm jemand mitteilen, dass er ihn jederzeit bei der Polizei anzeigen kann?

*

Drei Tage später

Heute Morgen hat Mirko schon wieder so einen Briefumschlag in seinem Briefkasten. Wieder nur mit seinem Namen, wieder ohne Briefmarke. Mirko geht schnell auf die Straße und guckt nach links und rechts. Aber er sieht niemanden. Er hat Angst, den Umschlag zu öffnen. Schließlich ist seine Neugier stärker, und er öffnet ihn doch. Wieder ein Zeitungsartikel! Er berichtet von

5 **schmieden** Eisen im Feuer bearbeiten – 7 **die Kuppel** Dach einer Kirche – 8 **der Schmied** bearbeitet Eisen im Feuer – 19 **anzeigen** eine Anzeige bei der Polizei machen

den vielen Spenden, die aus der ganzen Welt für die *Frauenkirche* zusammengekommen sind. Er erzählt auch von einer Frau, die Geld gespendet hat, obwohl sie selbst kaum Geld besitzt.
„So etwas Dummes!", denkt Mirko. „Nichts zu essen, aber Geld für eine Kirche spenden."
Mirko weiß, die Briefe an ihn können kein Zufall sein.
Beide Artikel haben das gleiche Thema: die *Frauenkirche*. Jemand möchte ihm etwas sagen. Jemand muss von seinem Diebstahl wissen. „Muss ich ins Gefängnis?", fragt er sich ängstlich.
„Mir kann nichts passieren!", sagt er laut. Er versucht, sich zu beruhigen. „Das Geld ist an einem sicheren Ort. Sie können es nicht bei mir finden."
Mirko Hauswald war noch einmal zu dem Versteck gegangen und hat das Geld gezählt. Es sind über 4.500 Mark. Er hat noch nichts davon ausgegeben.
„Vielleicht sollte ich das bald tun?", überlegt er.

8 **der Diebstahl** wenn man etwas gestohlen hat – 9 **das Gefängnis** Haus, in dem Personen zur Strafe festgehalten werden – 13 **das Versteck** Ort, an dem man etwas versteckt

7

Vier Tage später, 13.02.2000

Schon seit vier Tagen kein neuer Brief. Der zweite Brief kam schon drei Tage nach dem ersten.

„Vielleicht hat der Absender die Lust verloren?“, fragt sich Mirko. Für ihn wäre es das Beste. Aber er glaubt nicht so recht daran.

Dieses Mal will er aber sehen, wer ihm etwas in den Briefkasten steckt. Seine Wohnungstür hat er jetzt immer ein wenig geöffnet. Und er sitzt auf einem Stuhl direkt hinter der Tür. So kann er hören, wenn jemand unten ins Haus kommt.

Da Mirko jetzt fast die ganze Zeit hinter seiner Tür sitzt, erfährt er viel über seine Nachbarn. Zum Beispiel weiß er jetzt, dass Frau Edling von nebenan jede Nacht spazieren geht. Wahrscheinlich kann sie nicht schlafen. Und Herr Meier aus dem zweiten Stock geht oft zusammen mit ihr spazieren.

„Ob Frau Meier das weiß?“, fragt sich Mirko.

Plötzlich hört er ein Geräusch. Die Haustür geht auf. Es ist früher Morgen.

„Ist es ein Nachbar oder vielleicht ja tatsächlich der Absender der Briefe?“ Mirko ist nervös.

Er hört etwas am Briefkasten, dann schließt sich die Haustür wieder. Schnell steht Mirko von seinem Stuhl auf und läuft die Treppe hinunter zum Briefkasten. Niemand ist zu sehen. Er reißt die Haustür auf … Dort steht nur eine alte Dame, die ihn komisch ansieht.

22 **das Geräusch** etwas, das man hören kann – 28 **aufreißen** etwas schnell und mit viel Kraft aufmachen

„Oh, entschuldigen Sie, junger Mann. Kennen Sie eine Erna … hm … Wittinger? Ich bin heute bei ihr zum Kaffee eingeladen. Aber ich habe die Hausnummer vergessen. War es die 15 oder die 51?“

Mirko sieht sich die Dame genauer an. Sie sieht sehr freundlich aus. Er glaubt nicht, dass sie die Umschläge in seinen Briefkasten gesteckt hat.

Er antwortet ihr: „Es tut mir leid, aber hier wohnt keine Frau Wittinger.“

„Vielen Dank! Dann gehe ich mal weiter zur Nummer 51.“

Mirko sieht der alten Frau nach. Er ist enttäuscht. Wieder nichts … Er geht zurück ins Haus und öffnet den Briefkasten. Ein Zettel liegt darin.

„War es etwa doch die alte Frau?“, fragt er sich erschrocken. Dann fällt ihm ein, dass es in seiner Straße gar keine Nummer 51 geben kann. Sie ist viel zu kurz.

Mirko ärgert sich, dass er so dumm war. Aber die alte Frau sah wirklich harmlos aus. Er läuft schnell noch einmal nach draußen. Sie ist verschwunden. Aber er ist sich jetzt sicher, dass die Briefe von ihr sind.

*

„Heute, 12 Uhr, Radio einschalten, Sender: MDR 1 Radio Sachsen“, steht auf dem Zettel.

Mirko weiß jetzt schon, was das Thema der Radiosendung sein wird.

25 **harmlos** nicht gefährlich – 26 **verschwunden** nicht mehr da sein – 28 **der Sender** *hier:* Station, die Radiosendungen macht und sendet

„Meine Damen und Herren, ich begrüße Sie zu unserer Sendung von der *Dresdner Frauenkirche*. Heute, genau vor 55 Jahren wurde unsere schöne Stadt und mit ihr die *Frauenkirche* zerstört. Aber heute ist auch noch aus einem anderen Grund ein historischer Tag. Heute übergibt der Herzog von Kent das neue Kuppelkreuz für die *Frauenkirche*.

Bis es auf die Kuppel der Kirche kommt, steht es an der Westfassade. Heute sind über 18.000 Menschen hier und wollen die Übergabe sehen. Denn ein englischer Schmied …"

Mirko schaltet das Radio aus. Die Geschichte von dem Schmied kennt er schon. Mirko will nichts mehr von der *Frauenkirche* hören.

„Was denkt sich diese Frau! Sie nervt mich dauernd mit der *Frauenkirche*. Die soll mich endlich in Ruhe lassen!"

Lieber macht sich Mirko Gedanken, was er mit dem vielen Geld machen soll. Das Geld liegt immer noch in dem Versteck, aber für diesen Monat hat er noch ein bisschen Geld.

„Davon kaufe ich ein kleines Geschenk für Opa und besuche ihn gleich heute", überlegt er.

Das lenkt ihn von der alten Frau ab. Außerdem hat er ein schlechtes Gewissen, dass er seinen Opa immer noch nicht im Krankenhaus besucht hat. Er ist schon seit vier Wochen dort. Er ist schwer krank. Mirko macht sich auf den Weg in die Stadt.

7 **übergeben** *hier:* etwas offiziell schenken – 7 **der Herzog** ein hoher Adelstitel – 12 **die Westfassade** Westseite eines Gebäudes – 14 **die Übergabe** man übergibt etwas – 20 **nerven** jemanden immer wieder stören – 27 **ablenken** jemanden auf andere Gedanken bringen – 27 **ein schlechtes Gewissen haben** sich seiner Schuld bewusst sein

*

„Hier Opa, für dich“, sagt Mirko und gibt ihm die gekauften Blumen und eine Tafel Schokolade.

„Ach, mein lieber Junge. Vielen Dank! Das ist ja lieb von dir“, meint sein Opa und isst gleich ein Stück Schokolade.

„Na, wie geht’s dir hier? Sind alle nett zu dir?“

„Ja ... ja ..., die jungen Schwestern sind sehr nett.“ Ein ganz kleines Lächeln ist auf seinem Gesicht. „Aber ich wäre lieber zu Hause.“

„Ja, das wäre schön“, sagt Mirko.

„Was gibt’s denn bei dir Neues? Hast du schon eine Arbeit gefunden?“

„Nein, leider nicht“, antwortet Mirko und denkt: „Warum muss Opa auch gleich wieder danach fragen?“

Er will ihn ablenken und erzählt von den seltsamen Briefen: „Und immer geht es um die *Frauenkirche* und die vielen Spenden und so.“

Erich Hauswald fängt an zu weinen.

„Was ist denn los?“, fragt Mirko erschrocken.

„Mein Junge, du weißt nicht viel von meiner Vergangenheit. Ich habe nie viel erzählt. Aber jetzt ...“

„Was ist denn jetzt?“, fragt Mirko ängstlich.

„Ich weiß nicht, ob ich noch lange lebe ...“

„Ach, Opa, du wirst bestimmt wieder gesund“, sagt Mirko schnell.

„Na, ich weiß nicht ... Also auch ich musste 1939 in den Krieg ziehen. Und ein Krieg ist das Schlimmste, was einem Menschen passieren kann.“

„Was ist dir passiert? Bitte erzähl es mir, Opa.“

„Schon vor dem Krieg hatte ich mit Flugzeugen zu tun und daher haben sie mich zum Piloten ausgebildet. 1940 sind wir, meine Kameraden und ich, viel über England geflogen. Wir haben nachts Bomben abgeworfen und haben so viele Städte zerstört und viele Menschen getötet ... Weißt du Mirko, es waren nicht nur Soldaten. Auch Frauen, Kinder ... Und kleine Städte wie zum Beispiel *Coventry* haben wir völlig zerstört. Immer noch sehe ich die großen Flammen vor meinen Augen. Diese Bilder kann ich nicht vergessen. In meinen Träumen höre ich Schreie und ...“

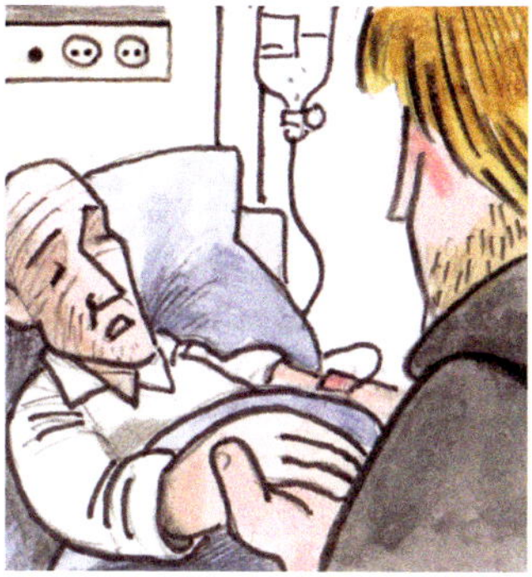

Die Erinnerungen sind für Erich Hauswald sehr anstrengend. Er schwitzt ein bisschen und schließt für einen Moment die Augen.

Mirko nimmt die Hand seines Opas und hält sie fest.

Er versteht endlich. Bevor die Engländer *Dresden* und auch die *Frauenkirche* zerstört haben, haben deutsche Bomben Städte wie *Coventry* komplett kaputt gemacht. Und jetzt schenken sie den Deutschen sogar ein Kreuz.

„Das ist wirklich ein Wunder“, denkt Mirko.

Er nimmt sich vor, seinen Opa jetzt jeden Tag zu besuchen. Er möchte noch mehr aus dieser Zeit erfahren.

Und morgen wird er auch eine andere Sache wieder gutmachen.

3 **der Pilot** Person, die ein Flugzeug fliegt – 4 **der Kamerad, -en** jemand, mit dem man längere Zeit (z. B. im Krieg) zusammen war – 5 **abwerfen** etwas hinauswerfen – 12 **die Flamme, -n** Licht des Feuers – 15 **der Schrei, -e** lautes Rufen – 27 **etwas gutmachen** einen Schaden wieder in Ordnung bringen

8

Einen Tag später

Mirko wartet, bis es dunkel ist. Dann geht er in den kleinen Park in der Nähe von seiner Wohnung. Er holt das Geld aus dem Versteck und nimmt es mit nach Hause.

Mirko wickelt die Spendenbox in Papier ein. Er legt sich ins Bett und wartet auf den nächsten Morgen.

*

Am nächsten Morgen

Das Paket mit der Spendenbox steht jetzt vor dem Eingang des Kirchenshops. Mirko wartet ganz in der Nähe hinter einem Haus und beobachtet alles genau. Es ist noch früh. Der Laden hat noch nicht geöffnet.

Plötzlich geht ein Mann in Richtung Eingang des Kirchenshops. Mirko wird panisch. „Was soll ich machen, wenn er das Paket nimmt?“ Doch der Mann sieht nur auf die Öffnungszeiten und geht wieder.

Um 8.30 Uhr kommt endlich die Verkäuferin. Sie nimmt das Paket mit in den Laden.

„Jetzt aber schnell weg von hier“, denkt Mirko.

Er läuft ein paar Meter, dann dreht er sich noch einmal um. Zum ersten Mal sieht er sich die *Frauenkirche* genauer an.

5 **einwickeln** *hier:* etwas in Papier einpacken – 16 **panisch** sehr nervös – 17 **die Öffnungszeiten** *(Pl.)* die Zeit, in der ein Geschäft offen hat

*

Zwei Tage später

Mirko ist nicht sehr überrascht, dass wieder ein Briefumschlag in seinem Briefkasten liegt. Und wieder fehlt die Briefmarke. Dieses Mal findet er keinen Zeitungsartikel darin, sondern einen Ausweis für die Bibliothek mit seinem Namen. Inzwischen glaubt er, dass die alte Frau ihm etwas sagen will.

Aber über eine Frage denkt er immer wieder nach. „Warum ist die Frau nicht zur Polizei gegangen?"

Seit er das Geld zurückgebracht hat, fühlt er sich viel besser. Er macht sich auf den Weg in die Bibliothek.

In der Abteilung für Geschichte setzt er sich an einen Tisch. In der Hand hat er ein Buch über den Zweiten Weltkrieg. Er sieht nach links und nach rechts, aber niemand beachtet ihn. Er beginnt zu lesen. Nach kurzer Zeit hat er vergessen, wo er ist.

Plötzlich hat er das Gefühl, beobachtet zu werden. Jemand läuft mit kleinen Schritten weg. Durch ein Regal sieht er einen Kopf mit grauen Haaren. Aber im nächsten Moment ist er schon wieder weg.

Blaues Wunder

9

Ein Jahr später

„Schön, dass du endlich mal wieder in *Dresden* bist, meine Kleine." Ruth umarmt ihre Tochter. Dieses Mal feiern sie den Geburtstag von Ursula in *Dresden*.

Ursula freut sich und schlägt vor, etwas Gutes zu essen. Normalerweise gehen sie am liebsten in die *Villa Marie*, direkt am *Blauen Wunder*. Das *Blaue Wunder* ist eine riesige Brücke über die *Elbe*. Aber heute haben sie wenig Zeit und setzen sich in ein Restaurant in der Nähe der *Frauenkirche*.

Nach einem typischen Dresdner Sauerbraten mit Apfelrotkraut und Klößen bestellen sich Mutter und Tochter noch eine Eierschecke zum Nachtisch. Danach machen sie einen Spaziergang zur *Frauenkirche*.

11 **Dresdner Eierschecke** Kuchenspezialität, die mit viel Eiern und Quark gebacken wird

*

Bei der Baustelle bleiben Ruth und Ursula stehen und hören einem jungen Mann zu. Er erzählt gerade einer Gruppe von Touristen: „Und dies hier ist das Kuppelkreuz. Ein Schmied in England hat es gemacht. Das ist ein wichtiges Symbol. Sie müssen wissen, dass die Deutschen 1940 viele Städte in Großbritannien zerstört haben. Mein Opa war selbst Bomberpilot. Er hat mir noch viel aus dieser Zeit erzählen können. Jetzt ist er leider schon tot. Aber vor seinem Tod hat er noch erfahren, dass die Engländer uns das Kreuz geschenkt haben. Dieses Kreuz symbolisiert Verzeihen und Frieden zwischen den beiden Ländern, aber auch zwischen allen Ländern auf der ganzen Welt …"

Ruth Brämig freut sich über eine so gute Erklärung. Sie lässt ihre Tochter stehen und geht ein wenig näher an die Gruppe heran.

„Also, das glaube ich ja nicht!", sagt Ruth laut vor sich hin.

Der junge Mann ist genau der, der die Spendenbox gestohlen hatte. Sie hört ihm noch einen Moment zu. Als er fertig ist, geht Ruth zu ihm.

„Das war wirklich eine gute Führung, junger Mann! Sie wissen genau Bescheid."

Der junge Mann freut sich und bedankt sich höflich. Plötzlich erkennt Mirko Hauswald die Frau. Bevor er reagieren kann, lächelt die alte Frau ihn an und verabschiedet sich mit den Worten: „Ich verzeihe dir."

1 **die Baustelle** Platz, an dem ein Gebäude errichtet wird

Epilog

22.06.2004
Über 60.000 Menschen stehen vor der *Frauenkirche* und über acht Millionen Zuschauer sehen im Fernsehen zu. Das Kuppelkreuz wird auf die Kuppel der *Frauenkirche* gehoben. Die Kirche sieht damit wieder so aus wie früher vor dem Krieg.

30.10.2005
Um 10 Uhr läuten alle acht Glocken der *Frauenkirche* zum ersten Gottesdienst. Vor der Kirche und in ganz *Dresden* ist es sehr still. Das Symbol des Friedens wird feierlich geweiht. Ein Bischof aus *Coventry* hält eine der Andachten.

4 **der Zuschauer, -** *hier:* eine Person, die im Fernsehen ein Ereignis sieht – 11 **läuten** *hier:* Geräusch, das die Glocken machen – 13 **der Gottesdienst** Feier in der Kirche zu Ehren Gottes – 16 **weihen** *hier:* Gottes Segen für etwas Neues erbitten – 16 **der Bischof** Priester (von hohem Rang) in der Kirche – 17 **die Andacht, -en** kurzer Gottesdienst

So sagt man in Dresden

fertsch	fertig
Hab'sch Se ...?	Habe ich Sie ...?
mer ham	wir haben
isch	ich
isch weeß	ich weiß
isch wer'	ich werde
is	ist
die Kersche	die Kirche
ä kleener Knopp	ein kleiner Junge
der Kriesch	der Krieg
ma	mal (einmal)
mer	mir *oder* wir
mer's	mir das
musst'sch	musste ich
ni	nicht
ooch	auch
scheen	schön
se	sie
wollmer	wollen wir
wollt'sch	wollte ich

Eigene Notizen

Das gibt es bei uns!

① Der Zwinger in Dresden

Ein Besuch im *Dresdner Zwinger* lohnt sich in jedem Fall. Er gilt als ein Juwel des europäischen Barocks. Früher feierte man hier viele Feste. Das wohl berühmteste war die Hochzeit des Kurprinzen Friedrich August mit der Kaisertochter Maria Josepha im Jahr 1719. Heute gibt es im *Zwinger* viele Kunstsammlungen, zum Beispiel Bilder ‚Alter Meister'. Man kann Skulpturen und Porzellan anschauen oder im ‚Mathematisch-Physikalischen Salon' Neues erfahren. Auch ein Spaziergang im Garten ist sehr schön. Für einen Besuch sollte man also genug Zeit haben.

www.besuchen-sie-dresden.de

② Rezept ‚Sächsische Kartoffelsuppe'

Zutaten für vier Personen:

1 kg Kartoffeln
1 Stück Sellerieknolle
frisches Selleriekraut
einige Scheiben Speck
1 Zwiebel
1 Möhre
2 l Fleischbrühe
Salz
Pfeffer
Liebstöckel

Zubereitung:

1. Kartoffeln schälen und in Würfel schneiden. Mit Sellerie, Liebstöckel, Möhre, Salz und Pfeffer in der Brühe kochen.
2. Speck in kleine Würfel schneiden und in der Pfanne kurz anbraten. Klein geschnittene Zwiebel dazugeben (Vorsicht: nur ganz kurz anbraten!).
3. Speck- und Zwiebelstücke in die Suppe geben.
4. Wenn die Kartoffelstücke sehr weich sind, alles durch ein Sieb streichen.
5. Die Suppe nochmals abschmecken.

Zur Kartoffelsuppe werden sehr gerne ‚Bockwürste' oder ‚Wiener Würstchen' gegessen.

Guten Appetit!

③ Eine Schifffahrt auf der Elbe

Ein besonderes Erlebnis: eine Fahrt mit einem Raddampfer auf der *Elbe*. Mit dem Schiff kann man von *Seußelitz* bei *Meißen* bis nach *Bad Schandau* in der *Sächsischen Schweiz* fahren. Dabei sieht man die schönsten Flusslandschaften: das *Dresdner Elbtal*, die *Sächsische Schweiz* und die *Sächsische Weinstraße*.

www.saechsische-dampfschiffahrt.de

Fragen und Aufgaben zu den einzelnen Kapiteln

Kapitel 1

1 Was ist richtig? Kreuzen Sie an.

1. Ruth Brämig wohnt in ☐ *Magdeburg* ☐ *Dresden* ☐ einem Dorf bei *Magdeburg*.
2. Ruth Brämig findet das Thema *Frauenkirche* ☐ sehr interessant ☐ langweilig ☐ nicht so wichtig.
3. Ursula Engelmann reagiert ☐ begeistert ☐ beleidigt ☐ genervt auf das Thema *Frauenkirche*.
4. Im Jahr 2000 ☐ zerstört man die *Frauenkirche* ☐ baut man die *Frauenkirche* wieder auf ☐ passiert nichts mit der *Frauenkirche*.
5. Ruth Brämig will ihrer Tochter ☐ einen Stein von der *Frauenkirche* ☐ eine Uhr ☐ Geld zum Geburtstag schenken.

Kapitel 2

1 Was passiert Ruth Brämig? Wie ist die richtige Reihenfolge?

☐ Ein älterer Mann erschreckt sie.
☐ Im Souvenirladen sieht sie einen Dieb.
[1] Sie fährt in die Stadt und möchte ein Geschenk kaufen.
☐ Sie spricht mit dem älteren Mann.
☐ Sie steigt in die Straßenbahn ein.
☐ Sie geht zum Gerüst der *Frauenkirche*.
☐ Sie verfolgt den Dieb.

2 Was passt nicht? Streichen Sie durch.

1. Straßenbahn: Haltestelle – Stadtplan – aussteigen – Türen
2. *Frauenkirche*: Ruine – Gerüst – alte Steine – August der Starke
3. Dieb: Spendenbox – Geschenk – Polizei – verfolgen
4. Kleidung: schnell – schmutzig – ungepflegt – alt
5. *Dresden*: Zwinger – Frauenkirche – Pirnaischer Platz – Fernsehturm

Kapitel 3

1 Welche Wörter kommen nicht vor? Streichen Sie sie durch.

Straßenbahn • Geschenk • Stoffbeutel • Sitz • Gerüst • Fenster • Kirche • Haltestelle • Türen • Fahrschein • Kontrolleur • Monatskarte • Geld • Uhr • Personalausweis • Rechnung • Hörgeräte • Verkäuferin

2 Was passt zusammen? Ordnen Sie zu.

1	vom Sitz	A	fallen lassen
2	sich auf den Sitz	B	machen
3	sich Gedanken	C	schließen sich
4	nach vorn	D	schicken
5	Türen	E	aufstehen
6	Personalien	F	schauen
7	die Rechnung	G	aufnehmen

Kapitel 4

1 Richtig (👍) oder falsch (👎)? Kreuzen Sie an.

1. Ruth Brämig verfolgt Mirko Hauswald. ☐ ☐
2. Mirko Hauswald bringt die Spendenbox nach Hause. ☐ ☐
3. Mirko wohnt in einem alten, kaputten Haus. ☐ ☐
4. Mirko hat Ruth Brämig bemerkt. ☐ ☐
5. Ruth Brämig hat jetzt zwei Geschenke für ihre Tochter. ☐ ☐
6. Ruth Brämig sieht auf dem Weg nach Hause viele Sehenswürdigkeiten. ☐ ☐

Kapitel 5

1 Lesen Sie. Drei Informationen stimmen nicht. Streichen Sie sie durch und korrigieren Sie sie.

Mirko Hauswald ist zu Hause. Er denkt an seine Situation und wie er arbeitslos geworden ist. Nach seiner Ausbildung als Maurer hat er in einer Baufirma gearbeitet. Dann wurde er arbeitslos. Jetzt lebt er von der Sozialhilfe. Heute hatte er in der Stadt einen Termin beim Wohnungsamt und ist am Kirchenshop in der Nähe von der *Frauenkirche* vorbeigekommen. Er hat die Spendenbox durch das Fenster gesehen und ist mit dem Geld weggelaufen. Niemand hat ihn gesehen. Wieder zu Hause freut er sich über das Geld und trinkt Wein.

____

____

Kapitel 6

1 Beantworten Sie die Fragen.

1. Was ist komisch an den Briefen, die Mirko bekommt?

____

2. Wovon handeln die Zeitungsartikel?

____

3. Wer ist Alan Smith?

____

4. Warum hat Mirko Angst?

____

2 Was ist das? Ordnen Sie zu.

das Gefängnis • die Bewerbung • die Briefmarke • der Briefkasten

1. Dort findet man seine Post. ______________________
2. Brief an eine Firma, bei der man arbeiten möchte. ____________
3. Das klebt man auf einen Briefumschlag. ________________
4. Dort werden Personen zur Strafe festgehalten. ____________

Kapitel 7

1 Ergänzen Sie den Text.

Mirko Hauswald wartet auf den nächsten ______________. Er sitzt auf einem ______________ hinter seiner Wohnungstür. Als er ein ______________ hört, läuft er zur Haustür und öffnet sie. Dort sieht er nur eine alte ______________. Mirko geht wieder ins Haus und findet im Briefkasten einen ______________. Mirko schaltet das ______________ ein. Es geht um die ______________. Mirko ist genervt von dem Thema. Lieber denkt er an das ______________ und was er damit alles kaufen kann. Er kauft ______________ und ______________ für seinen Opa im Krankenhaus. Mirko erzählt ihm von den Briefen und sein Opa erinnert sich an seine Vergangenheit.

Kapitel 8

1 Drei Ereignisse sind falsch. Streichen Sie sie durch.

Mirko geht in den Park. • Er holt das Geld und wickelt es ein. • Am nächsten Morgen stellt er die Spendenbox vor den Kirchenshop. • Mirko wartet in der Nähe. • Er sieht eine alte Frau am Eingang des Shops. • Er wird panisch. • Um halb zehn kommt die Verkäuferin. • Mirko geht schnell weg. • Zwei Tage später findet er einen Ausweis für die Bibliothek in seinem Briefkasten. • Er geht zur Polizei. • Er liest in einem Buch über den Zweiten Weltkrieg. • Er sieht in der Bibliothek einen Kopf mit grauen Haaren.

Kapitel 9

1 Wer sagt das? Ruth (R) oder Mirko (M)? Kreuzen Sie an.

		R	M
1.	„Schön, dass du endlich mal wieder in *Dresden* bist, meine Kleine."	☐	☐
2.	„Ein Schmied in England hat es gemacht."	☐	☐
3.	„Mein Opa war selbst Bomberpilot."	☐	☐
4.	„Also, das glaube ich ja nicht!"	☐	☐
5.	„Sie wissen genau Bescheid."	☐	☐
6.	„Ich verzeihe dir."	☐	☐

2 Was denken Sie? Schreiben Sie.

1. Warum hat Ruth Brämig Mirko nicht bei der Polizei angezeigt?

____

2. Was hat das Leben von Mirko Hauswald verändert?

____

3. Wie geht das Leben von Mirko Hauswald weiter?

____

Fragen und Aufgaben zum gesamten Text

1 Sie kennen nun alle Personen. Was passt zu wem?
Setzen Sie den richtigen Namen ein.

Ruth
Brämig

Ursula
Engelmann

Mirko
Hauswald

Erich
Hauswald

1. ______________________________ liebt „ihre“ Stadt.

2. ______________________________ ist der Enkel von Erich Hauswald.

3. ______________________________ hat eine schwere Krankheit.

4. ______________________________ ist die Tochter von Ruth.

5. ______________________________ verfolgt einen Dieb.

6. ______________________________ hat Geld gestohlen.

7. ______________________________ hat schlimme Träume vom Zweiten Weltkrieg.

8. ______________________________ lebt in einem Dorf bei *Magdeburg*.

2 Sie kennen nun die ganze Geschichte. Wie ist die richtige Reihenfolge?

A
Mirko trinkt Wein und denkt an seine Situation und das Geld, das er gestohlen hat. Er ist sich sicher, dass er keine Probleme bekommt.

B
Ruth Brämig will im Kirchenshop der *Frauenkirche* ein Geschenk für ihre Tochter kaufen. Dort sieht sie, wie ein junger Mann die Spendenbox stiehlt. Als er den Shop schnell verlässt, läuft sie hinter ihm her.

C
Ruth verfolgt Mirko bis zu seinem Haus. Sie hat Glück, er sieht sie nicht. In der Straßenbahn nach Hause denkt sie über Mirkos Tat nach. Und sie hat eine Idee.

D
Mirko will den Absender der Briefe sehen. Aber er versteht erst, dass die ältere Frau vor der Haustür die Absenderin ist, als sie schon weg ist.

E
Ruh Brämig erzählt ihrer Tochter von den vielen Spenden für die *Frauenkirche*. Ruth ist von dem Projekt begeistert.

F
Ein Jahr später treffen Ruth und Mirko sich zufällig wieder. Sie sieht ihn als Touristenführer vor der *Frauenkirche* und bedankt sich für seinen guten Vortrag. Sie verzeiht ihm seinen Fehler.

G
Mirko gibt das Geld zurück und fühlt sich viel besser. Dieses Mal hat die ältere Dame ihm einen Bibliotheksausweis in den Briefkasten gesteckt. In der Bibliothek informiert er sich über den Zweiten Weltkrieg.

H
Ruth sitzt in der gleichen Straßenbahn wie Mirko. Als sie kontrolliert werden, muss Mirko seinen Namen und seine Adresse nennen. Bald steigt Mirko aus, Ruth auch.

I
Mirko entdeckt den ersten Brief mit einem Zeitungsartikel in seinem Briefkasten. Nach dem zweiten Brief weiß Mirko, dass diese Briefe kein Zufall sein können. Er bekommt Angst.

E, … ______________________________

Lösungen

Fragen und Aufgaben zu den einzelnen Kapiteln

Kapitel 1

1 1. Dresden, 2. sehr interessant, 3. genervt, 4. baut man die Frauenkirche wieder auf, 5. eine Uhr

Kapitel 2

1 3, 5, 1, 4, 7, 2, 6

2 1. Stadtplan, 2. August der Starke, 3. Geschenk, 4. schnell, 5. Fernsehturm

Kapitel 3

1 Geschenk – Gerüst – Kirche – Uhr – Verkäuferin

2 1 E, 2 A, 3 B, 4 F, 5 C, 6 G, 7 D

Kapitel 4

1 1. 👍, 2. 👎, 3. 👍, 4. 👎, 5. 👎, 6. 👍

Kapitel 5

1 1. Nach seiner Ausbildung als Maurer ... / Er hatte in einer Baufirma eine Ausbildung zum Maurer begonnen.
2. einen Termin beim Wohnungsamt / einen Termin beim Arbeitsamt
3. Niemand hat ihn gesehen. / Nur die Omas haben ihn gesehen.

Kapitel 6

1 1. Die Briefmarke fehlt. 2. Von der Dresdner Frauenkirche 3. Ein Schmied aus England, der das neue Kuppelkreuz schmiedet. 4. Jemand weiß von seinem Diebstahl. Vielleicht muss er ins Gefängnis.

2 1. der Briefkasten, 2. die Bewerbung, 3. die Briefmarke, 4. das Gefängnis

Kapitel 7

1 Brief, Stuhl, Geräusch, Dame, Zettel, Radio, Frauenkirche, Geld, Blumen, Schokolade

Kapitel 8

1 Er sieht eine alte Frau am Eingang des Shops. / Um halt zehn kommt die Verkäuferin. / Er geht zur Polizei.

Kapitel 9

1 Ruth: 1., 4., 5., 6.
Mirko: 2., 3.

2 *Persönliche Meinung*

Fragen und Aufgaben zum gesamten Text

1 1. Ruth Brämig, 2. Mirko Hauswald, 3. Erich Hauswald, 4. Ursula Engelmann, 5. Ruth Brämig, 6. Mirko Hauswald, 7. Erich Hauswald, 8. Ursula Engelmann

2 E, B, H, C, A, I, D, G, F

Bildquellen

S. 8 © Imago Stock & People, Berlin; S. 9 © iStockphoto (Heike Brauer), Calgary, Alberta; S.11 © Fotolia LLC (mbs), New York; S. 15, 18, 20 © Imago Stock & People, Berlin; S. 21 © Fotolia LLC (Kramografie), New York; S. 24 © Ullstein Bild GmbH (Karl F. Schöfmann/Imagebroker.net), Berlin; S. 34 © iStockphoto (Andreas Weber), Calgary, Alberta; S. 35 links © Fotolia LLC (ExQuisine), New York; S. 35 rechts © bochmann. gbr, Coswig; S. 36 oben © Picture-Alliance (ZB), Frankfurt; S. 36 unten © Picture-Alliance (Jan Woitas), Frankfurt; S. 38 oben © Imago Stock & People, Berlin; S. 38 unten © Fotolia LLC (Silvia Bogdanski), New York; S. 39 © iStockphoto (Liane Matrisch), Calgary, Alberta; S. 41 © Fotolia LLC (Kramografie), New York

Weitere Hefte in der Reihe:

Kalt erwischt in Hamburg

Der Schützenkönig vom Chiemsee

Verschollen in Berlin

Die Loreley lebt!

Das Auge vom Bodensee

Die Lerche aus Leipzig

Gefährliches Spiel in Essen

Wiener Blut

Heiße Spur in München

Böses Erwachen in Heidelberg

Frankfurter Geschäfte